dann du

Erst ich ein Stück, dann du

Rüdiger Bertram

Stinktier & Co.

Weiter, schneller, stinkiger!

Erst ich ein Stück, dann du

Rüdiger Bertram

Weiter, schneller, stinkiger!

mit Illustrationen von
Thorsten Saleina

cbj

MIX
Papier | Fördert gute Waldnutzung
FSC® C010328

Penguin Random House Verlagsgruppe
FSC® N001967

1. Auflage 2024

„Erst-ich-ein-Stück“-Grundidee: Patricia Schröder
Text: Rüdiger Bertram
Umschlag- und Innenillustrationen: Thorsten Saleina
Umschlagkonzeption: semper smile Werbeagentur, München
mk · Herstellung: bo
Satz und Reproduktion: Lorenz+Zeller GmbH, Inning a. A.
Druck: Alföldi Nyomda Zrt., Debrecen
ISBN 978-3-570-18125-6
Printed in Hungary

www.cbj-verlag.de

Inhalt

Der große Tag 7

Auf dem Weg zum Sportplatz 18

Werfen 28

Springen 39

Rennen! 50

Die Rache des Stinktiers 60

Der große Tag

„Aufwachen!
Aufwachen!“

„Bitte, bitte, bitte!“, murmelt Zora müde. „Lass mich noch fünf Minuten schlafen.“
„Das kannst du glatt vergessen!“, ruft Dieter. „Nicht mal eine Minute lasse ich dich länger im Bett liegen.“
Dieter kitzelt Zora mit seinen Krallen unter ihren Füßen. Nur ganz sanft, aber das reicht schon.
„Hör auf! Das kitzelt!“, verlangt Zora lachend.
„Soll es ja auch“, erwidert Dieter. „Und jetzt steh endlich auf!“
„Hast du etwa schon wieder Hunger?“, fragt Zora. „Du hast doch gestern Abend erst einen Topf voll mit Nudeln gegessen. Und danach eine ganze Packung Vanille-Eis. Und später noch eine große Tüte Chips. Und dann …“
„Ich habe keinen Hunger!“, widerspricht Dieter. „Na ja, vielleicht schon. Ein bisschen.“

„Bist du krank?!“
Zora ist jetzt hellwach.
Sie macht sich Sorgen.
Dieter hat sonst
ständig Hunger.
Und nicht nur ein bisschen.
Sondern richtig, richtig viel.

Zora erinnert sich noch genau, wie das Stinktier damals zu ihr kam. Das war am Morgen ihres zehnten Geburtstages. Da saß Dieter plötzlich auf ihrem Bett und brüllte „Aufstehen!“ und „Ich habe Hunger!“. Davon ist Zora aufgewacht und hat sich wahnsinnig erschreckt. Klar. Das würde jeder, wenn auf einmal ein Tier vor einem hockt und mit einem redet. Und wenn es ein freches und verfressenes Stinktier ist, dann ganz besonders.

Aber als Zoras Papa mit dem Geburtstagskuchen in ihr Zimmer kam, hat er es Zora erklärt. In ihrer Familie haben fast alle tierische Begleiter. Am zehnten Geburtstag kommen sie zu ihren Menschen und weichen ihnen dann nie mehr von der Seite. Die Tiere kann aber nur sehen und hören, wer selbst eines hat. Für alle anderen sind die unsichtbar.

Zoras Mama hat keinen Begleiter.
Die Gabe hat Zora von ihrem Papa.
Und er hat sie von seiner Mama.
Zoras Oma besitzt eine Giraffe.
Die heißt Gertrud.

Zoras Mama hat keine Ahnung, dass in ihrem Haus ein Eisbär, ein Zebra und ein Stinktier leben. Der Eisbär Lasse gehört zu Zoras Papa und das Zebra Mathilde zu Zoras Schwester.

Zuerst konnte Zora Dieter überhaupt nicht leiden. Falsch. Zora hat ihr Stinktier gehasst. Weil es so frech und verfressen ist. Und weil Dieter nichts als Ärger gemacht hat und ein bisschen gestunken hat er auch. Ein bisschen sehr sogar. Aber dann hat Zora gemerkt, dass Dieter eigentlich doch ganz nett ist, und wenn man ihn mit viel Shampoo duscht, riecht er auch nicht mehr so schlimm. Und wenn irgendwer gemein zu Zora ist, stinkt Dieter ihn einfach voll. Dafür ist so ein Stinktier schon praktisch.

Die zwei sind richtig gute Freunde
geworden.
Die besten überhaupt.
Frech und verfressen ist Dieter
aber immer noch.
Sonst wäre Dieter ja nicht Dieter.

Zora hat mit ihrem Stinktier schon eine Menge verrückter Abenteuer erlebt. Gemeinsam mit ihren Freunden, die auch Begleiter haben. Kati besitzt das ängstliche Hängebauchschwein Thao, Leon die freche Ratte Jasper und Anna ihr müdes Faultier Paula. Mal ehrlich: Das sind jetzt alles nicht gerade die coolsten Tiere. Da wären Löwen, Wölfe oder Adler viel cooler. Aber alle vier lieben ihre Begleiter. Und umgekehrt ist es genauso. Deswegen nennen sie sich auch der *Club der Super-Tiere*.

In Zoras Klasse gibt es noch zwei andere Kinder, die auch Begleiter haben. Das sind Jessica und Lili, zu denen gehören ein Einhorn und ein Fuchs. Zora und ihre Freunde mögen Jessica und Lili nicht besonders. Und das Einhorn und den Fuchs auch nicht, weil die immer so schrecklich gemein zu ihnen sind.

Und furchtbar eingebildet sind sie auch. Alle vier.

„Ich bin nicht krank! Mir geht es prima und jetzt steh endlich auf! Sonst zeige ich dir, warum Stinktiere *Stinktiere* heißen", ruft Dieter, weil Zora immer noch in ihrem Bett liegt. „Ich meine es ernst! Bei drei stink ich los: eins, zwei und …"
Bevor Dieter *drei* sagen kann, springt Zora schnell aus ihrem Bett. Es riecht nämlich wirklich nicht gut, wenn Dieter stinkwütend ist. Richtig übel riecht das und das wird man auch so schnell nicht wieder los. Drei Monate bleibt der Gestank in den Kleidern hängen, da kann man die noch so oft waschen.
Das nützt gar nichts.

„Was ist denn los?",
will Zora wissen.
„Heute ist doch
das große Sportfest
an deiner Schule",
antwortet Dieter.

Mist!
Das Sportfest hatte Zora
total vergessen.

Zora hasst es, auf dem Sportplatz zu laufen, zu werfen oder zu springen. Lieber spielt sie mit ihren Freunden Handball, Fußball, Basketball, Tischtennis, Volleyball oder Hockey.
Ganz egal.
„Ich will da nicht hin“, jammert Zora. „Das wird bestimmt ganz doof.“
„Blödsinn, das wird super“, ruft das Stinktier. „Ich liebe Werfen, Springen und Laufen!“
„Warum können wir auf dem Sportfest nicht Fußball spielen?“, fragt Zora.

„Weil das langweilig ist!
Und stinkgefährlich ist es auch.“
Dieter mag Fußball
nicht besonders.

Er und Zora haben mal zusammen mit dem *Club der Super-Tiere* im Stadtpark gekickt. Dieter stand im Tor und Zora hat geschossen. Das Stinktier hat sich mit seinen Pfoten einfach an dem Ball festgekrallt und so den Schuss gehalten. Aber weil Zora sehr hart schießen kann, ist Dieter mit dem Ball durch den ganzen Park gekugelt und wäre fast in den Teich gerollt. Am Ende war der weiße Streifen auf seinem Rücken ganz grün von der Wiese. Da musste Zora ihn zu Hause unter die Dusche stellen und sein Fell mit Seife wieder sauber waschen. Dieter hasst es zu baden, weil seine Haare danach immer nach Shampoo duften und nicht mehr so richtig schön stinkig riechen.

„Fußball ist einfach blöd“,
sagt Dieter.
„Laufen, Werfen und Springen
sind viel besser.
Wetten, ich bin nachher
schneller als Jasper?“

Zora glaubt nicht, dass ihr Stinktier schneller ist als Leons Ratte. Dieter ist nicht gerade das dünnste Stinktier auf der Erde. Eher so das Gegenteil. Das liegt daran, dass er ständig futtert.

„Wann frühstücken wir eigentlich?“, will Dieter wissen. „Es ist längst Zeit fürs Frühstück!“
„Du hast eben doch noch gesagt, dass du nur ein bisschen hungrig bist“, erwidert Zora.
„Eben, das war eben! Jetzt bin ich ein bisschen *viel* hungrig“, sagt Dieter.

„Ich darf aber nicht hungrig sein.
Sonst bin ich langsam.
Und weit springen und werfen
kann ich dann auch nicht.
Also fütter mich endlich!
Ich habe Hunger!“

Auf dem Weg zum Sportplatz

Nach dem Frühstück macht sich Zora mit Dieter auf den Weg zu Kati. Zora will ihre beste Freundin abholen, um gemeinsam mit ihr zum Sportplatz zu laufen. Aber als sie bei Kati ankommt, ist ihr Hängebauchschwein krank.

„Was hat Thao denn?“, will Zora wissen.

„Bestimmt hat sie sich einen Knoten in ihren Ringelschwanz gemacht und kriegt den jetzt nicht mehr auf“, ruft Dieter und lacht.

Zora und Kati sehen Dieter vorwurfsvoll an, weil er sich über Thao lustig gemacht hat. Obwohl sie doch krank ist.

„Das ist gemein", quiekt Thao gekränkt. „Mit meinem Schwanz ist alles in Ordnung. Da ist kein Knoten drin. Ich habe Bauchschmerzen, ganz furchtbar, schreckliche Bauchschmerzen habe ich."

„Los, entschuldige dich bei ihr",
zischt Zora ihrem Stinktier zu.
„Entschuldigung", flüstert Dieter.
„Geht das auch
ein bisschen lauter?!"
Zora schaut Dieter streng an.
„Entschuldigung", brummt er laut.

„Aber gegen Bauchschmerzen habe ich einen guten Tipp“, erklärt das Stinktier. „Man könnte ein Lagerfeuer unter deinem Hängebauch machen. Wärme hilft immer gegen Bauchschmerzen.“
„NEIN!“, quiekt Thao ängstlich.
„Das ist eine saublöde Idee“, sagt Zora.
„Musst du unbedingt *saublöd* sagen?“, fragt Kati. „Thao ist nicht blöd, nur ein bisschen krank.“

„Stimmt, tut mir leid“,
sagt Zora.
„Das war keine saublöde Idee.
Das war eine stinktierblöde Idee.“

„Schon gut“, sagt Kati.
„Das ist überhaupt nicht gut“, ruft Dieter beleidigt dazwischen. „Das Wort *stinktierblöd* gibt es gar nicht! Das muss *stinktiergenial* heißen.“
„Was ist denn jetzt mit Thao? Kommt sie mit zum Sportfest?“, fragt Zora.
„Leider nicht“, erwiderte Kati. „Und deswegen musst du auch ohne mich dahin gehen.“
Ein Mensch und sein tierischer Begleiter können sich nämlich nicht mehr als fünf Meter voneinander entfernen. Dann kommen sie einfach nicht weiter. Es ist, als ob sie gegen eine Mauer aus Zuckerwatte laufen würden.
„Warum bist *du* denn nicht krank?“, fragt Zora ihr Stinktier. „Dann müsste ich da auch nicht hin.“

„Ich verpasse doch nicht
den besten Tag des Jahres“,
ruft Dieter.
„Ich fühle mich prima.
Das wird super heute!“

Zora glaubt nicht, dass es super wird. Sie glaubt, dass es ganz schrecklich wird, weil alle schneller sind. Und weiter werfen und springen können sie bestimmt auch.

Seufzend verabschiedet Zora sich von Kati und wünscht Thao gute Besserung. Dann läuft sie mit Dieter weiter Richtung Sportplatz. An der Straßenecke treffen sie Anna und Leon mit ihren Tieren. Faultier Paula schläft an Annas Oberarm, als wäre der Arm ein Ast. Leons Ratte Jasper macht Liegestütze auf dem Bürgersteig, weil er sich für das Sportfest fit machen möchte.

„Wo ist Kati?“, fragte Anna.

„Thao ist krank und muss zu Hause bleiben, da kann sie leider auch nicht mitkommen“, antwortet Zora.

„Die hat es gut.“ Leon hat auch keine große Lust auf das Sportfest. Ganz im Gegenteil zu Jasper.

„Wetten, ich bin schneller als das faule Stinktier!“, ruft Leons Ratte.

„Von wegen! Ich bin schneller“, erwidert Dieter. „Wer zuerst am Sportplatz ist, hat gewonnen. Bei drei geht es los: eins, zwei …“

Aber bevor Dieter *drei* sagt, ist er schon losgesaust.

„Hey, das ist Betrug!“, brüllt Jasper und flitzt hinterher.

Die Ratte hat das Stinktier schnell eingeholt. Da nutzt Dieter seine Flunkerei beim Start überhaupt nichts.

Aber dann knallen beide gegen die unsichtbare Wand, weil sie sich ja nicht mehr als fünf Meter von ihren Menschen entfernen können. Sie kommen einfach nicht weiter. Und weil Leon und Zora direkt nebeneinanderstehen, liegen Jasper und Dieter genau gleichauf.

„Ich hätte gewonnen“,
ruft Jasper.
„Quatsch, ich hätte gewonnen“,
ruft Dieter.
„Nein ich!“, brüllt Jasper.
„Nein ich!“, brüllt Dieter.

„Ich bin echt froh, dass ich Paula habe.“ Anna streicht ihrem schlafenden Faultier liebevoll über den Kopf. „Die ist nicht so laut wie eure beiden Tiere.“

Auf dem Weg zum Sportplatz begegnen sie auch anderen Menschen mit Begleitern, die zur Schule oder zur Arbeit müssen. An der Ampel wartet eine Frau mit einem Känguru auf Grün. „Im Weitsprung wäre das unschlagbar“, sagt Jasper. „Stimmt“, erwidert Dieter. „Aber guck mal, da vorne, da ist ein Gepard. Der würde jedes Rennen gewinnen.“

Aber zum Glück ist es ja
ein Sportfest für Menschen.
Und nicht für ihre
unsichtbaren Tiere.

Zora und ihre Freunde haben den Sportplatz jetzt schon fast erreicht. Vor dem Tor drängen sich ganz viele Kinder. Jessica und Lili sind mit ihrem Einhorn und ihrem Fuchs auch dabei. Neben Jessica und Lili steht ein kleiner Junge. Er hat einen Luftballon in der Hand und auf dem steht: *Viel Glück, Tom!* Der Junge möchte seinen Freund anfeuern. Aber als er mal kurz nicht hinguckt, sticht Jessicas Einhorn mit seinem Horn in den Ballon.

„Die vier sind so gemein“, schimpft Leon.
„Zur Strafe werden wir sie einfach besiegen“, ruft Anna. „Ich beim Werfen, Leon beim Springen und Zora beim Rennen.“
„Aber die sind doch bestimmt viel schneller als ich“, sagt Zora.

„Wir sind ja auch noch da“,
rufen Dieter und Jasper
gleichzeitig.
„Wir helfen euch!“

Aber Zora ist gar nicht sicher, ob sie sich darüber freuen soll oder nicht. Wenn Dieter und Jasper sich irgendwo einmischen, gibt das meistens Ärger. Eigentlich immer.

Werfen

Um an dem Sportfest teilnehmen zu können, müssen sich die Kinder für einen der Wettkämpfe anmelden. Es gibt drei Tische: einen fürs Werfen, einen fürs Springen und einen fürs Laufen. Dahinter sitzen Erwachsene, die die Namen und Sportarten der Kinder in ihre Tablets eintragen.

Herr Schwarm ist auch dabei.
Er ist Lehrer an Zoras Schule
und hat auch einen Begleiter.

Er besitzt einen Wolf, der sich unter dem Tisch zusammengerollt hat und aufpasst, dass niemand Unsinn macht.
Direkt vor dem Tisch steht Jessica, weil sie sich für das Rennen anmelden möchte.
„Ich habe gesehen, wie ihr den Ballon kaputt gemacht habt“, sagt Herr Schwarm. „Wehe, dein Einhorn macht das noch einmal.“

Auch der Wolf hebt kurz den Kopf und knurrt drohend.
„Das war keine Absicht. Das war nur ein Unfall“, schwindelt Jessica. „Das kommt nie wieder vor. Ganz bestimmt nicht.“

Auch das Einhorn nickt.
Es hat Angst vor dem Wolf.
Beim Nicken haut es Jessica
sein Horn auf den Kopf.
„AUA!“, ruft Jessica.
„Kannst du nicht aufpassen!“

„Tut mir leid“, murmelt das Einhorn und senkt schuldbewusst seinen Kopf. Dabei spießt es beinahe das Tablet auf, das ihr Lehrer in der Hand hält. Herr Schwarm kann es gerade noch in Sicherheit bringen. „Nimm dein Einhorn und pass auf, dass es nichts kaputt macht und niemanden in den Hintern pickst“, sagt Herr Schwarm streng. „Du hast noch ein bisschen Zeit, die Rennen finden erst am Ende statt. Zuerst wird geworfen und gesprungen.“

Danach ist auch schon Zora dran.
Sie meldet sich bei Herrn Schwarm
ebenfalls fürs Laufen an.

„Wetten, ich bin schneller als du?“ Dieter zupft den Wolf an seinem rechten Ohr, damit er ihm auch zuhört.

„Wenn du so weitermachst, ist der einzige Ort, an dem du schnell landest, mein Magen“, knurrt der Wolf.

„Du bist wohl ein schlechter Verlierer“, erwidert Dieter.

Aber als der Wolf knurrt, macht er lieber, dass er wegkommt.

Zora und Dieter gehen zurück
zu ihren Freunden.
Anna hat sich
beim Werfen angemeldet
und Leon beim Weitspringen.

„Gleich geht's los!", ruft Dieter, weil sich die ersten Teilnehmer schon in einer Reihe zum Werfen aufgestellt haben.

Geworfen wird mit einem Ball. Der ist etwa so groß wie ein Tennisball, nur viel schwerer. Die erste Werferin läuft an, holt aus und schmeißt den Ball über die zweite weiße Linie. Das sind etwa zwanzig Meter. Da klatschen alle, weil das schon ziemlich gut ist. Der Junge, der nach ihr dran ist, wirft den Ball so steil, dass er hoch in den Himmel fliegt und dann direkt vor ihm auf dem Boden landet. Das waren höchstens zwei Meter.

Dann wirft ein Mädchen, dass auch einen Begleiter besitzt. Sie hat einen Papagei, und als sie geworfen hat, schnappt sich der Vogel in der Luft den Ball und fliegt damit davon.

„Das gilt nicht!“, ruft Leon.
„Wie gemein!“, brüllt Anna.
„Das ist unfair!“, schreit Zora.
„Aber clever ist das schon“,
sagt Dieter schmunzelnd.

Aber so clever ist das gar nicht. Das Mädchen und ihr Papagei haben vergessen, dass sie sich nur ein paar Meter voneinander entfernen können. Nach fünf Metern bleibt der Vogel in der Luft stehen, weil er gegen die unsichtbare Wand geflogen ist. Das sieht komisch aus. Vor allem für die Kinder, die keine Begleiter haben. Die können ja den Papagei nicht sehen. Die denken bestimmt, der Ball schwebt einfach so in der Luft.

Das Mädchen läuft schnell hinterher, damit ihr Vogel weiterfliegen kann. Aber dabei tritt sie über die Wurflinie und macht ihren Versuch ungültig. Da hat sich der Trick mit dem Papagei gar nicht gelohnt.
Dann werfen andere Kinder. Anna ist erst ganz zum Schluss dran.

„Halt mal kurz, bitte.“
Anna reicht Zora ihr Faultier.
Sonst kann sie ja nicht werfen.
Paula merkt davon nichts.
Sie schläft einfach weiter.
„Die ist ja fast so schwer wie Dieter“, wundert Zora sich.
„Ich bin nicht schwer“, ruft Dieter sauer.
„Doch, bist du“, sagt Zora.

„Das sind alles nur Muskeln", behauptet Dieter. „Wer's glaubt", sagt Jasper und kichert. „Du wirst es schon glauben, wenn ich dich gleich verprügele", droht Dieter. „Komm doch, wenn du dich traust", erwidert Jasper. Die Ratte und das Stinktier haben ihre Fäuste gehoben und stehen sich gegenüber wie zwei Boxer. „Jetzt seid doch mal ruhig, ihr beiden", sagt Zora sauer. „Anna muss sich konzentrieren."

Anna hat den Ball
schon in der Hand.
Sie geht ein paar Meter
von der Linie weg
und nimmt Anlauf.

„Wetten, der Ball landet direkt vor ihren Füßen?“, ruft Jessica.
Sie steht mit Lili, ihrem Einhorn und dem Fuchs hinter Zora und Leon.
„Glaub ich nicht“, sagt Lili. „Ich glaube, der Ball landet sogar noch hinter ihr.“
Der Fuchs und das Einhorn lachen sich halb tot und hören erst auf, als der Wolf von Herrn Schwarm einmal laut knurrt.
Dann ist es ganz ruhig, weil alle darauf warten, dass Anna endlich Anlauf nimmt. Aber die wartet noch einen Moment mit geschlossenen Augen, um sich auf ihren Wurf zu konzentrieren.

Dann läuft Anna los.
Sie holt weit aus
und schleudert den Ball …
WOW!

Der Ball landet hinter der letzten Linie, die auf den Platz gemalt wurde. Das sind mindestens fünfzig Meter. Eher mehr.
Alle jubeln und klatschen, weil Anna mit ihrem Wurf den Wettkampf gewonnen hat. Alle außer Jessica und Lili.
„Die hat ja nur gesiegt, weil wir nicht mitgemacht haben“, sagt Jessica, und Lili sagt: „Sonst hätten wir gewonnen.“
Aber das glaubt ihnen natürlich keiner.

Springen

„Das war super! Wie hast du das geschafft?“, will Zora wissen. Sie und ihre Freunde haben es sich auf dem Rasen bequem gemacht. Es dauert noch ein bisschen, bis Jasper beim Springen an der Reihe ist, und Zoras Rennen ist sowieso erst ganz am Ende des Sportfests. „Wenn man die ganze Zeit ein Faultier mit sich rumschleppt, kriegt man halt Muskeln an den Armen“, antwortet Anna. „Kann ich Paula jetzt bitte wiederhaben?“

„Klar doch“, sagt Zora
und reicht Anna ihr Faultier.
„Paula hat deinen tollen Wurf
gar nicht gesehen“, sagt Leon.
Aber da irrt er sich.
Paula war kurz hellwach
und hat alles beobachtet.

„Herzlichen Glückwunsch“, sagt das Faultier, aber weil Paula so langsam spricht, dauert das ewig.
Dieter hört gar nicht hin. Der isst erst mal in aller Ruhe das Pausenbrot, das Zoras Papa ihr mitgegeben hat. Und danach auch noch die meisten der Süßigkeiten, die in der Box waren. Nur das Obst lässt er liegen.
„Hey, kannst du nicht mal was abgeben?!“, schimpft Jasper. „Ich habe auch Hunger.“

„Hier, du kannst eine Weintraube haben!“ Dieter wirft eine Traube in Jaspers Richtung.
Leons Ratte fängt sie geschickt mit dem Mund auf.
„Wetten, das schaffe ich auch mit Bonbons“, sagt Jasper schmatzend.

„Wetten nicht!“, erwidert Dieter.
„Wetten doch! Wirf doch!“
Dieter schmeißt Jasper
ein Bonbon zu.
Es landet direkt neben
der Ratte im Gras.
„Wette gewonnen!“, ruft Dieter.

„Ist mir egal. Hauptsache, ich habe was Süßes", erwidert Jasper zufrieden. Er schnappt sich das Bonbon und stopft es sich in den Mund.
Dieter ärgert sich, weil Jasper ihn reingelegt hat. Doch bevor er etwas sagen kann, ruft Zora: „Guckt mal, da vorne! Wie fies!"
Das Weitspringen hat schon angefangen. Gerade läuft ein Mädchen an, um in die Sandgrube zu springen.

Lilis Fuchs rennt ihr
zwischen die Beine.
Das Mädchen gerät ins Stolpern
und kann nicht richtig abspringen.

Das Mädchen hat keinen tierischen Begleiter. Deswegen kann sie sich gar nicht erklären, was da gerade passiert ist.

Lili und Jessica stehen neben der Grube und lachen fies.

Zora sieht sich nach Herrn Schwarm und seinem Wolf um, doch der ist gerade nirgendwo zu sehen. Sonst hätten sich Lili und ihr Fuchs das nie getraut.
„Pass gut auf den Fuchs auf, wenn du gleich dran bist, Leon“, sagt Anna.
„Das lass mal unsere Sorge sein“, ruft Jasper. „Nicht wahr, Dieter?“
„Logo. Du musst einfach nur springen, Leon“, bestätigt Dieter. „Um den Fuchs kümmern wir uns.“
Obwohl sich die Ratte und das Stinktier ständig streiten, halten sie immer zusammen, wenn es drauf ankommt.

„Jetzt ist Lili dran“, sagt Anna.
Alle schauen zu ihr rüber.
Lili nimmt Anlauf und springt.
Ihr Sprung geht ziemlich weit.
Einen so weiten Sprung
hätten Zora und die anderen
Lili gar nicht zugetraut.

„Und sie hat nicht mal geschummelt“, sagt Leon. „Bei ihrem eigenen Sprung nicht“, sagt Zora. „Aber dafür bei den Sprüngen der anderen.“

Jetzt ist auch schon Leon an der Reihe. Er macht ein paar Übungen, um sich warm zu machen. Dann geht er zur Weitsprunggrube.
Jasper und Dieter begleiten ihn. Das ist kein Problem, weil Zora mit Anna direkt neben dem Anlauf sitzt.
„Hey, was ist rot und stinkt?", ruft Jasper dem Fuchs zu.
„Ein Fuchs, der ein Stinktier geärgert hat", sagt Dieter.
„Und wer ist dumm und lebt in Höhlen?", fragt Jasper.
„Das ist schwer, das könnte eigentlich jeder Fuchs sein", antwortet Dieter.

„Einen hab ich noch:
Wer hat die Gans gestohlen
und gibt sie nicht mehr her?",
ruft Jasper.

„Ein Fuchs, der sich bis über beide spitze Ohren in das Federvieh verknallt hat“, ruft Dieter.
Die Ratte und das Stinktier liegen sich in den Armen und lachen sich halb tot.
„Na, wartet!“, brüllt Lilis Fuchs wütend. „Das werdet ihr bereuen, wenn ich euch kriege.“
„Bleib hier!“, ruft Lili. „Du sollst doch Leon beim Springen stören!“
Aber da ist ihr Fuchs schon losgerannt. Dieter und Jasper laufen auch los, damit der Fuchs sie nicht kriegt. Die beiden laufen immer im Kreis um Zora rum und der Fuchs läuft ihnen hinterher. Dabei bräuchte er nur stehen zu bleiben, um die zwei zu fangen. Doch so klug ist Lilis Fuchs nicht.
Weil der Fuchs die Ratte und das Stinktier jagt, ist die Bahn frei für Leon.

Leon nimmt Anlauf.
Er rennt los und springt …
Wow!
Sein Sprung geht weiter
als alle anderen Versuche.
Vier Meter schafft er
mindestens.

Das ist viel weiter,
als Lili und alle anderen Kinder
gesprungen sind.
Damit hat Leon gewonnen.

Sogar Herr Schwarm kommt, um Leon zu gratulieren. Und weil ihr Lehrer von seinem Wolf begleitet wird, traut sich der Fuchs nicht mehr, weiter hinter Dieter und Jasper herzujagen.

„Aber das Wettrennen gewinnt ihr nicht", ruft Jessica ihnen zu, als sie mit ihrem Einhorn, Lili und dem Fuchs zu den Umkleiden geht. „Das gewinne ich!"
„Wo hast du denn so gut springen gelernt?", will Zora wissen.
„Das hat Jasper mir beigebracht", erwidert Leon.
„Echt?", fragt Anna. „Und wie?"
„Habe ich euch nie erzählt, dass meine Oma eine Springratte aus Madagaskar war? Da habe ich die letzten Tage ein bisschen mit Leon trainiert. Alles, was er übers Springen weiß, hat er von mir gelernt", erklärt Jasper stolz.

„Springratten gibt es
überhaupt nicht", sagt Dieter.
„Gibt es wohl!"
„Gibt es nicht!"

„Doch!“

„Nein!“

„DOCH!“

„NEIN!“

Dieter und Jasper streiten wieder, aber das ist Leon, Anna und Zora egal. Die freuen sich riesig, dass Leon gewonnen hat. Auch Paula wacht kurz auf, um „Herzlichen Glückwunsch!“ zu sagen. Dann ist das Faultier auch schon wieder eingeschlafen und nicht mal die Nein- und Doch-Brüllerei von Jasper und Dieter kann Paula wecken.

Rennen!

Zora hat ein bisschen Angst vor ihrem Rennen. Sie ist sich ganz sicher, dass alle anderen viel schneller sind als sie.

„Blödsinn, du kannst doch supergut laufen“, versucht Anna sie zu beruhigen.

„Ja, auf dem Bolzplatz schon“, sagt Zora.

„Dann stell dir einfach vor, du bist auf dem Fußballplatz“, schlägt Leon vor.

„Wie denn? Hier stehen doch
gar keine Tore“, erwidert Zora.
„Und wenn du
mit einem Ball läufst?!“,
sagt Dieter.
„Oder ist das verboten?“

Alle starren Zoras Stinktier an.
„War ja nur so ein Vorschlag“, sagt Dieter. „Da müsst ihr mich nicht anglotzen, als wäre ich verrückt geworden.“
„Warum eigentlich nicht?“, fragt Anna.
„Das könnte klappen“, ruft Leon.
„Für ein Stinktier war das gar keine so blöde Idee", erklärt Jasper.

„Aber das ist bestimmt verboten", sagt Zora.
„Wir fragen einfach Herrn Schwarm, der weiß das bestimmt", schlägt Anna vor.
Die Kinder laufen mit ihren Begleitern zu Herrn Schwarm. Ihr Lehrer sitzt an einem Tisch und trägt die Ergebnisse vom Werfen und Springen in sein Tablet ein.
„Ah, da kommen ja unsere zukünftigen Olympiasieger", begrüßt sie Herr Schwarm. „Ihr wart super beim Werfen und Springen. Jetzt bin ich gespannt, wie schnell Zora beim Laufen ist."

„Deswegen sind wir ja hier“,
sagt Leon. „Wir haben eine Frage.“
„Darf Zora bei dem Rennen
einen Ball dabeihaben?“,
fragt Anna.
„Dann bin ich bestimmt schneller
als ohne“, sagt Zora.

Herr Schwarm denkt lange nach und öffnet in seinem Tablet sogar eine Datei mit den Regeln des Wettrennens.
„Ich finde, das ist eine sehr gute Idee“, brummt sein Wolf unter dem Tisch.
„Und ich kann in den Regeln nichts finden, was das verbieten würde. Du musst einmal um den Platz laufen. Ob du bei den vierhundert Metern einen Ball oder einen Küchenschrank oder gar nichts dabeihast, ist völlig egal“, sagt Herr Schwarm. „Also warum nicht? Ich hole dir einen Ball aus dem Geräteschuppen und lege ihn neben deinen Startblock. Viel Erfolg, Zora!“
„Super!“, rufen die Kinder und umarmen sich, so als hätte Zora das Rennen schon gewonnen.

Auch Dieter und Jasper
klatschen sich ab.
Sie halten sogar Paula
ihre Hände hin.
Aber das Faultier
braucht dafür ewig.

Deswegen kommt Zora fast zu spät zu ihrem Rennen.
Alle Teilnehmer stehen schon an der Startlinie.

Jessica ist auch mit dabei. Sie hat sich umgezogen und trägt ein superschickes Lauftrikot von einer ganz teuren Sportmarke. Außerdem hat sie richtige Rennschuhe mit kurzen Nägeln unter der Sohle, damit sie schneller laufen kann. Zora trägt nur ihre ganz normalen Turnschuhe und ihren alten Trainingsanzug.
„Guckt mal, da kommt die Verliererin", ruft Jessica, und ihr Einhorn brüllt: „Hoffentlich ist am Ziel noch jemand da, wenn Zora endlich ankommt. Nicht dass dann schon alle Feierabend gemacht haben."
Lili und ihr Fuchs stehen neben der Laufbahn und lachen. Die zwei finden das komisch. Zora nicht.

„Einfach nicht beachten“,
rät Dieter. „Und denk dran!
Ich bin immer hinter dir
und halte dir den Rücken frei.“

„Hoffentlich nicht zu weit hinter mir, sonst werde ich Letzte.“ Zora schnappt sich den Ball, den Herr Schwarm am Start für sie bereitgelegt hat.
„Guckt mal! Zora glaubt, hier wird gleich Fußball gespielt“, ruft Lili, und ihr Fuchs brüllt: „Wahrscheinlich läuft sie gar nicht erst los, weil sie denkt, sie ist die Torhüterin.“
Die Einzigen, die über die blöden Witze der beiden lachen, sind Jessica und ihr Einhorn. Alle anderen Kinder feuern Zora an.
„Du schaffst das, Zora!“,
ruft Anna.

„Ganz bestimmt!“, schreit Leon, und Jasper brüllt: „Lauf, Dieter! Lauf!“
Sogar Paula wacht kurz auf und flüstert: „Toi, toi …“
Aber bevor sie das dritte Mal *toi* sagen kann, hat sich Herr Schwarm mit seinem Wolf schon neben den Läufern aufgestellt.

Er hat eine Startpistole dabei
und sagt: „Auf die Plätze,
fertig …“
Auf dem Sportplatz ist es still.
Alle warten gespannt
auf den Start.
„… und los“, ruft Herr Schwarm
und schießt mit der Pistole
in die Luft. KNALL!

„Hilfe, man hat auf mich geschossen! Bin in getroffen? Werde ich sterben?“, schreit Dieter.

„Blödsinn! Das war doch nur der Startschuss“, antwortet Zora und läuft los.

Wegen der Verzögerung liegt Zora hinten, aber den Rückstand kann sie bald aufholen. Obwohl sie gleichzeitig den Ball mit ihren Füßen spielt. Oder gerade deswegen.

Schnell hat Zora zwei langsamere Läufer vor ihr eingeholt. Sie umdribbelt die beiden, als wäre sie bei einem Konter auf dem Weg zum Tor. Auch die anderen Läuferinnen kann Zora einholen.

Ihre Freunde feuern sie an.
Aber das hört Zora nicht.
Dieter keucht und schnauft
zu laut hinter ihr.

Er gibt sich richtig große Mühe, nicht mehr als fünf Meter hinter Zora zurückzufallen.
„Super, Dieter!“, ruft Jasper, um das Stinktier anzufeuern.
Jetzt liegt nur noch Jessica mit ihrem Einhorn vor Zora und Dieter. Zora muss auf der Bahn einen weiten Umweg laufen, um die beiden zu überholen. Sie sind schon auf der Zielgeraden, als Zora endlich an Jessica vorbeiläuft. Und genau in dem Augenblick senkt das Einhorn den Kopf.

Es sticht mit seinem Horn
in Zoras Ball.
PFFFFFFFFFFFFFFFFF!

Die Rache des Stinktiers

Die Luft strömt aus dem Ball, bis er ganz verschrumpelt auf der Laufbahn liegt. Ohne den Ball kann Zora nicht mehr so schnell laufen wie vorher. Zora fällt zurück und wird Zweite. Jessica und ihr Einhorn laufen als Erste über die Ziellinie und lassen sich feiern. Aber nur von den Kindern, die keine Begleiter haben. Die konnten ja nicht sehen, was das Einhorn auf der Zielgeraden gemacht hat. Alle anderen laufen zu Zora, um sie zu trösten.
„Das war unfair", sagt Herr Schwarm streng zu Jessica. „Aber Siegerin des Rennens bist du trotzdem."
Da kann sein Wolf noch so wütend knurren.
Jessica bleibt Erste und jubelt, als hätte sie gerade eine Goldmedaille bei den Olympischen Spielen gewonnen.

„Das war voll fies von Jessica",
sagt Anna.
„Du warst viel schneller
als sie", sagt Leon.
„Obwohl du sogar
noch einen Ball dabeihattest."
„Und ein lahmes Stinktier",
ruft Jasper und kichert.

„Ich gebe dir gleich *lahmes Stinktier*", keucht Dieter. „Pass auf! Wenn ich wieder zu Atem komme, werde ich mich rächen."

Dieter ist immer noch ganz erschöpft, weil er so schnell gelaufen ist. So schnell wie noch nie in seinem ganzen Leben. Nur damit Zora das Rennen gewinnen kann.

„Du warst super, Dieter“, sagt Zora. „Und es ist ja nicht deine Schuld, dass wir nicht gewonnen haben. Aber hey, der zweite Platz ist doch auch ein tolles Ergebnis.“

Am Ende des Sportfests werden die Sieger geehrt.

Anna und Leon werden als Beste beim Werfen und Springen ausgezeichnet. Dann sollen die ersten Plätze beim Laufen geehrt werden. Jessica und ihr Einhorn machen sich auf dem Siegertreppchen so breit, dass Zora und Dieter kaum noch Platz haben. Als dann auch noch ein Fotograf kommt, um Bilder fürs Internet zu machen, stößt

Jessica Zora einfach von dem Podest. Damit sie allein auf dem Bild ist. Nur ihr Einhorn, Lili und der Fuchs dürfen mit drauf. Aber auch nur, weil sie hinter Jessica stehen.
Gerade als der Fotograf abdrücken will, dreht Dieter allen seinen Hintern zu.

Das Stinktier ruft:
„Und jetzt bitte lächeln!“
Im nächsten Moment
hört man ein Zischen.
So als hätte jemand auf den Knopf
einer Sprühdose gedrückt.
„IHH, ist das eklig!“,
brüllt Jessica, und
Lili brüllt:
„ÄHHH, das
ist ja ekelhaft.“

Auch das Einhorn und der Fuchs brüllen, weil sie ebenfalls eine volle Stinkladung von Dieter abbekommen haben.
Die anderen Kinder brüllen nicht, die lachen, weil die vier das wirklich verdient haben. Weil sie so gemein zu Zora waren. Sogar Herr Schwarm und sein Fuchs können sich ein Lächeln nicht verkneifen.
„Ich habe doch gesagt, ich werde mich rächen, wenn ich mich ein bisschen erholt habe“, sagt Dieter und grinst zufrieden.
„Lasst uns lieber verschwinden, bevor das Einhorn uns aus Wut genauso aufspießt wie den Ball vorhin“, sagt Zora. „Außerdem müssen wir das alles unbedingt Kati erzählen. Die weiß ja noch gar nicht, was sie verpasst hat.

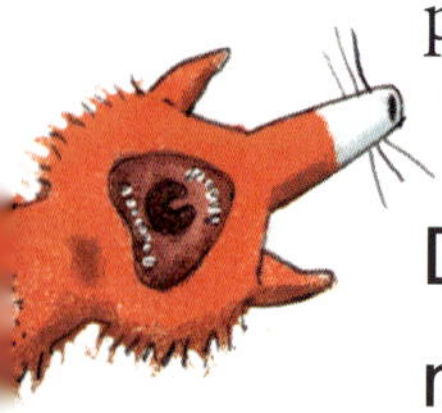

Die Freunde laufen
mit ihren Begleitern schnell weg.
Hinter ihnen ist immer noch
das wütende Gebrüll
von Jessica, Lili, dem Einhorn
und dem Fuchs zu hören.

Als sie bei Kati zu Hause ankommen, geht es auch Thao wieder besser. Die Bauschmerzen sind verschwunden, ganz ohne ein Lagerfeuer unter ihrem Hängebauch.

Kati ist stolz auf ihre Freunde, als sie ihr von Annas und Leons Siegen beim Werfen und Springen erzählen. Und sie lacht, als sie von Dieters Stinkattacke bei der Siegerehrung hört.

Nur Thao fragt ängstlich: „Hoffentlich ist dabei keinem was passiert?“

„Keine Sorge“, erwidert Dieter. „Aber ihr schickes Trikot wird Jessica die nächsten Monate ganz sicher nicht mehr tragen können und ihr eingebildetes Einhorn wird sie auch duschen müssen. Mehr als nur einmal und jedes Mal mit viel, viel Seife.“

„Das geschieht den beiden ganz recht“, sagt Jasper. „Aber jetzt ist Zeit für unser Rennen und diesmal machen wir es anders. Wir stellen uns fünf Meter von unseren Menschen auf, und wer seinen Menschen zuerst erreicht, hat gewonnen.“

Alle machen mit.
Sogar Paula und Thao.
„Bei drei geht es los,
und wehe, Dieter schummelt wieder“,
ruft Anna. „Eins, zwei und …
… drei!“

Die vier Tiere rennen sofort los. Am Anfang liegt Jasper in Führung, direkt dahinter läuft Thao, dann Dieter und …
Plötzlich saust Paula an allen vorbei. Sie überholt sogar Leons Ratte und springt mit einem weiten Satz an Annas Oberarm, wo sie sofort wieder einschläft.
Alle starren das schnarchende Faultier an. Sie können es einfach nicht fassen, dass ausgerechnet Paula die Siegerin des Wettrennens der Super-Tiere ist.

„Das gibt es doch gar nicht“,
ruft Jasper überrascht.
„Das ist völlig unmöglich“,
ruft Dieter.
„Geht es ihr gut?“, fragt Thao.

„Nichts und niemand kann Paula stoppen, wenn sie an meinen Arm will, um da weiterzupennen“, sagt Anna und lacht.
„Paula hat ganz klar gewonnen“, sagt Zora. „Herzlichen Glückwunsch.“
„Und das völlig verdient“, sagt Kati. „Und was machen wir jetzt?“
„Wir gehen in den Park und spielen zusammen Fußball“, schlägt Zora vor.
„Ich bin die Schiedsrichterin“, ruft Thao. „Da tritt mich keiner.“
„Müssen wir unbedingt Fußball spielen?“, mault Dieter.
„Klar und ich schieße mehr Tore als du“, ruft Jasper.
„Träum weiter, ich schieße mehr Tore“, ruft Dieter.
„Nein, ich!“
„Nein, ich!“

Zora, Kati, Leon und Anna
lassen die beiden streiten.

Sie schnappen sich einen Ball
und gehen mit ihren Tieren
in den Park.
Da kicken sie ganz ohne
Sieger oder Verlierer.
Einfach nur zum Spaß.

Rüdiger Bertram wurde 1967 in Ratingen geboren und arbeitete nach seinem Studium (Geschichte, Volkswirtschaft und Germanistik) zunächst als freier Journalist. Heute schreibt er Drehbücher und hat zahlreiche erfolgreiche Bücher für Kinder veröffentlicht. Mit seiner Frau und seinen beiden Kindern lebt er in Köln.

Thorsten Saleina, geboren 1970 in Stade, studierte Kommunikationsdesign an der Hochschule für Angewandte Wissenschaften in Hamburg. Danach war er als Grafiker und Illustrator für verschiedene Werbe- und Designagenturen tätig, bevor er sich endgültig für die Illustration entschied. An seinem 10. Geburtstag hätte er sich über eine Norwegische Waldkatze als Begleitung gefreut, wäre mit einem Stinktier aber auch nicht unglücklich geworden.

In der Reihe „Erst ich ein Stück, dann du“ sind unter anderem folgende Bücher erschienen:

Theo vor, noch ein Tor! (18021)
Das Rätsel um den Weihnachtsstern (18032)
Lisa rettet den Zauberwald (18106)
Schnitzeljagd in der Schule (18031)
Camillo – ein Hund macht Ferien (18073)
Kleines Pony, großes Glück (18022)
Minus Drei und die wilde Lucy – Der große Vulkan-Wettkampf (18044)
Ein Fall für Finn und Schörlock (17965)
Mia & Maxie – Beste Freundinnen halten zusammen (17835)
Monja Mondstein – Aufregung im Hexenhaus (17983)
Ein Drachenfreund für Linus (17831)
Linus und der Drachen-Wettkampf (17984)
Nanuk – Ein kleiner Eisbär findet Freunde (17947)
Leo und das Mutmach-Training (17946)
Leni & Lotti – Ferien auf dem Ponyhof (17945)
Mirella und das Nixen-Geheimnis (17890)
Mirella und das magische Seepferdchen (17898)
Dusty – Gut gebellt, kleiner Hund! (17879)
Sophie im Land der Zauberponys (17834)
Rivalen auf dem Fußballplatz (17833)
Eine Burg für Ritter Rudi (17832)
Fibo – kleiner Fuchs, großer Held (17766)
Die Muskeltiere und der fliegende Herr Robert (17752)
Die Krumpflinge – Egon und der Schulausflug (17753)
Aufregung im Ferienlager (15337)
Flaffy Flitzekeks – Ein Gespenst sorgt für Wirbel (17378)
Nellies großer Auftritt (17377)
Der kleine Drache Kokosnuss kommt in die Schule (15420)
Finde dein Abenteuer! Die Insel der Dinosaurier (15853)

Erst ich ein Stück, dann du

Gemeinsam Lesen – Das Original

Patricia Schröder
Ein Drachenfreund für Linus
88 Seiten, ISBN 978-3-570-17831-7

Patricia Schröder
Eine Burg für Ritter Rudi
88 Seiten, ISBN 978-3-570-17832-4

Patricia Schröder
Rivalen auf dem Fußballplatz
88 Seiten, ISBN 978-3-570-17833-1

Patricia Schröder
Sophie im Land
der Zauberponys
88 Seiten, ISBN 978-3-570-17834-8

Patricia Schröder
Mirella und
das Nixen-Geheimnis
88 Seiten, ISBN 978-3-570-17890-4

Jan Andersen
Dusty –
Gut gebellt, kleiner Hund!
88 Seiten, ISBN 978-3-570-17879-9

8425_6

cbj

www.cbj-verlag.de

Erst ich ein Stück,